b ›› 650

APPEL

AUX ÉLECTEURS

PAR

UN ÉLECTEUR

Qui vive? — France.

———

Avril 1849.

———

LE MANS

JULIEN, LANIER ET Cᵉ, IMPRIMEURS-LIBRAIRES

PLACE DES HALLES, 12.

AUX ÉLECTEURS.

Il y a moins d'une année, vous avez accueilli nos paroles avec un bon vouloir qui témoignait assez de leur convenance et de leur opportunité.

Depuis, le temps a marché, il va ouvrir devant vous une période importante et décisive. Déjà, même en dehors des partis, au-dessus de leurs divers symboles, déjà des perspectives nouvelles, naguères inaccessibles à tous les regards, commencent à poindre et à se dessiner vaguement à travers les voiles de l'avenir. Toutefois, les idées et les vœux que nous échangions avec vous à une autre époque sont encore nos idées et nos vœux d'aujourd'hui. Du citoyen Ledru-Rollin, qui marqua son point de départ, notre jeune République est arrivée successivement à MM. de Malleville et de Falloux. Quel itinéraire !.. Parmi tant de variations notre attitude est restée la même. Les évènements ne peuvent prévaloir contre les principes; la vérité est toujours la vérité.

Au reste, faisons silence, pour écouter avec plus de recueillement un orateur austère et pathétique, véhément et profond, qui ne flatte et ne déchire personne, qui n'est ni complaisant ni frondeur, également incapable d'exagérer et d'amoindrir la réalité. Or, voici ce qu'il vous propose aujourd'hui :

La prospérité ou la ruine ;

La raison ou le délire ;

La liberté ou l'oppression ;

La concorde ou les déchirements ;

La vie ou la mort, après d'atroces convulsions ; choisissez.

Ce puissant orateur.... c'est l'expérience !

Elle élève en ce moment une voix plus dramatique, et bien autrement retentissante que les prédications des plus grands publicistes. Elle vous prescrit nettement vos devoirs actuels de citoyens et d'électeurs. Vous serez attentifs à ses accents, dociles à ses inspirations. Quelle autre école pourrait valoir celle des faits accomplis sous vos yeux ! Les enseignements, descendus d'une pareille tribune, viennent de remuer l'Europe ; ils ont secoué les peuples ; l'univers entier en a tressailli de stupeur. Leçons mémorables qui ne peuvent être désavouées par personne, ni même faussement interprétées par un observateur attentif et clairvoyant, Où vos conseillers trouveraient-ils ailleurs des arguments plus solides et plus convaincants ?

Donc, pour obtenir encore une fois l'universalité de votre concours, il nous suffira de faire un double appel à votre mémoire et à votre logique.

Au 10 décembre 1848, vous avez esquissé votre œuvre ; il s'agit maintenant de la compléter dans toute son étendue, en développant cette pensée que nous avons tous saluée comme un présage de salut, comme un gage de réconciliation entre les divers partis ; venons aux détails :

Notre mécanisme gouvernemental se compose de deux rouages principaux : l'Assemblée, le Président. Quand ces deux agents, au lieu de marcher dans les mêmes voies, se heurtent et s'entre-choquent dans leurs mouvements, tout est en souffrance autour d'eux; c'est un duel qui intéresse non seulement les deux champions, mais qui froisse vivement les intérêts des peuples qui leur servent de témoins et parfois de victimes.

A vous, électeurs, à vous seuls il appartient de terminer pacifiquement ce désastreux antagonisme, et de mettre un terme aux tiraillements du pouvoir, aux incertitudes de l'opinion, à la stagnation des affaires et à la détresse publique.

Cette crise n'est pas la seule; l'Assemblée, d'accord avec le pouvoir exécutif, peut se diviser contre elle-même, s'épuiser en luttes intestines, sans résultats pour l'utilité générale. Dans ces deux extrémités, votre médiation devient indispensable pour rétablir l'harmonie entre les grands pouvoirs de l'Etat.

Sujets de la loi, vous n'en restez pas moins juges des législateurs, et arbitres suprêmes de la situation. L'Assemblée, le président lui-même, ne sont que les ministres temporaires de la souveraineté qui réside collectivement en vous.

Dans l'ordre religieux, tout s'incline devant la majesté du concile. Dans l'ordre politique, rien n'égale la toute-puissance du suffrage universel; s'il avait tort, il ne pourrait être redressé que par lui-même, rien n'étant au-dessus de lui; mais il ne s'égarera pas.

Telle est la haute magistrature qui vous est départie, soyez-en fiers, soyez-en jaloux, montrez une fois de plus que vous étiez dignes de la recevoir, capables de l'exercer.

Bien loin de nous alarmer, cet appel nouveau à la raison populaire fait notre joie et notre espérance. Depuis qu'elles sont

affranchies et initiées à la vie politique; les masses ont suffisam-
ment prouvé leur intelligente probité; leur discernement peut
défier l'aptitude de ce qu'on appelait autrefois les classes offi-
cielles. En effet, après trente ans de labeurs, le monopole électoral est venu se briser contre le 24 février qu'il né sut ni pré-
venir, ni combattre; au contraire, après une année d'appren-
tissage il est déjà permis de pressentir que le vote de tous est
destiné à clore nos longues et funestes dissensions, puisque
chaque pas que nous faisons dans cette nouvelle carrière, nous
éloigne du désordre et nous rapproche de l'ordre.

.Le monopole électoral se montra toujours impuissant contre
les scandales cyniques d'une corruption effrénée qui dénatu-
rait partout la sincérité du vote et pervertissait la morale publique; déjà vous avez rendu impossible le retour de ces ma-
nœuvres adultères. Quand les suffrages se produisent par mil-
liers, personne n'est plus tenté de les marchander, ils coûte-
raient trop cher.

Le monopole électoral avait subi avec une résignation servile
le despotisme hautain de la capitale, qui nous expédiait les
élections manipulées d'avance, pour que nous eussions à les
recevoir chapeau bas! Déjà, vous avez prouvé à la capitale et
vous lui prouverez encore mieux que la France s'appartient
à elle-même; qu'elle n'est pas inféodée à la rue Saint-Denis,
ni au faubourg Saint-Antoine, ni à une poignée de perturba-
teurs.

Les provinces ont été assez long-temps en tutelle, une ère
nouvelle commence pour elles. Nous connaissons nos forces
maintenant, l'initiative nous appartient, nous saurons la faire
respecter!...

Non, nous ne voulons plus sanctionner le droit divin.... des barricades... on ne nous verra plus ployer le genou devant la première révolution qui nous adviendra, quelque jour, sur les ailes frémissantes du télégraphe parisien... Paris, Paris, antique Lutèce, rappelle-toi ton origine! tu n'es qu'une île, tu ne peux plus rien contre les flots qui t'entourent; mais ceux-ci, en se soulevant, peuvent te submerger! Ne l'oublie pas!

Avouons-le sans détour, jusqu'ici le *Forum* a été plus habile que les sénateurs du *Capitole*, plus entendu que les Pères conscrits qui croyaient tenir nos destinées dans un pli de leurs toges patriciennes. Ainsi le voulait la providence, qui se plaît à sauver les peuples par les peuples eux-mêmes.

Honneur donc à nos frères, les ouvriers des villes! Honneur à nos frères les travailleurs des campagnes; ils enrichissent le pays de leurs sueurs, ils le sauveront encore par leur bon sens et leur ensemble! Oui, ils sont nos frères, non seulement par le sang qui coule dans leurs veines, ils le sont surtout par les sentiments réciproques qui font battre nos cœurs à l'unisson de leurs âmes belles de droiture et d'honnêteté!

Non, non, le suffrage universel ne tombera jamais en contradiction avec lui-même; il a été modéré, il l'est et le sera toujours. Voici pourquoi :

Sous une apparence maladive, le fond de la société française est demeuré sain. Le levain des doctrines pestilentielles, les miasmes socialistes se trouvent neutralisés par l'énergie interne, l'action incessante et réparatrice des dogmes et des principes conservateurs... Quel bras pourra donc jamais déraciner de la conscience des peuples ces idées constitutives ? Innées au fond de nos âmes, préexistantes à toutes les théories, antérieures à toutes les écoles, elles ont entouré le berceau de la civilisation, elles verront aussi son dernier jour, elles ne mourront qu'avec l'humanité elle-même dont elles sont la gloire et le soutien. Si vous avez le malheur d'en douter, eh bien ! mettez-vous en marche, visitez les lieux d'où soufflent les quatre vents; parcourez nos cités, nos bourgades, nos hameaux; visitez les ateliers, les grands centres d'industrie, partout, dans l'atmosphère brumeuse des usines, comme sous le ciel pur de nos campagnes, partout les anarchistes forment une honteuse exception qui voudrait suppléer par son audace à son impuissance morale, et à son infériorité numérique... L'immense majorité est dévouée à l'ordre... Paix, tranquillité, tel est le cri intime, telles sont les aspirations ferventes et unanimes du pays.

Hé quoi ! *douze millions* d'hommes qui ont raison se laisseront donc immoler par *cent mille* hommes qui ont tort ! ! Une pareille thèse peut-elle se soutenir ? non, mille fois non; autrement il faudrait désespérer des générations humaines.

Dieu a mis ici-bas trois grandes supériorités, historiquement et rationnellement invincibles :

Celle du nombre;

Celle de la vérité;

Celle de la justice.

Cette triple et rayonnante supériorité nous appartient, nous la revendiquons en face de Dieu et des hommes. Maintenant qu'est-ce qui se dresse contre nous? écoutez :

Nous apercevons vis-à-vis de nous, quoi? une minorité boiteuse, appauvrie, dépopularisée, vieillie, ridée avant le temps, fractionnée elle-même en mille sectes divergentes sans unité, sans chef reconnu, sans impulsion prépondérante. Cette coterie touche à son début, et dès son avènement elle s'est précipitée vers un déclin prématuré, mais inexorable comme la mort... Ses débiles épaules fléchissent sous le poids d'un rapide mais lourd passé de fautes, d'inconséquences, d'apostasies, d'aberrations et des plus grandes témérités politiques. Elle n'en peut plus... encore une étape et elle va tomber d'épuisement.

Electeurs, cette coterie vous avait juré la diminution des impôts, elle en a établi de nouveaux ; ses dilapidations d'une année vous ont déjà plus coûté que deux invasions... Cette coterie a mis la démocratie dans les mots en laissant dormir au fond des choses le plus hideux égoïsme. Sous son règne, la cupidité, la faveur, le népotisme besogneux, la bassesse affamée, les nullités rapaces ont surpassé les abus d'une autre époque que les républicains de la veille se vantaient d'avoir pulvérisée pour toujours. O ignominie ! ils ont culbuté un système, pour ramper tout de leur long dans la même ornière que lui.... Aussi vont-ils être décimés par le suffrage universel ; et laisser sur le champ de bataille leurs tristes dépouilles que vous adjugerez cette fois à des mandataires qui ne sont ni des comédiens, ni des charlatans, ni des escamoteurs ; nous n'accepterons jamais un nouveau juste-milieu républicain.

Chaque fois donc que la France voudra se lever de toute sa hauteur vis-à-vis des factions, chaque fois qu'elle se mettra seulement à les regarder en face, les factions vaincues, humiliées, tomberont à ses pieds.

Et pourtant, nous ne voulons pas vous abuser ; encore une fois, vous allez vous trouver aux prises avec d'indomptables obstinations, de grossiers instincts, de sauvages passions, de jalousies infinies. Tenez-vous donc en garde contre les conseils de la peur ; raidissez-vous contre cette pusillanimité dont les défaillances sont l'apanage trop ordinaire des gens de bien. Nos adversaires sont opiniâtres; soyons plus opiniâtres qu'eux. Ils sont de fer, disent-ils; soyons de granit. A leur aveugle ténacité opposons une persistance calme et réfléchie. Souvenons-nous que toujours et partout les volontés persévérantes finissent par devenir les volontés victorieuses.

Quand nous combattons les ennemis de la société, un seul triomphe est loin de terminer les hostilités, il ne nous faut rien moins que la perpétuité de la victoire pour ruiner l'influence des agitateurs et reconquérir enfin cette stabilité durable qui est la première condition du bien-être de tous.

Restez donc sourds aux tumultueuses clameurs des partis, aux suggestions souterraines des meneurs, au stérile bourdonnement d'une certaine presse hostile et malveillante. Où en seriez-vous aujourd'hui si vous aviez écouté les feuilles anti-sociales!... Ne consultez que vous-mêmes, et comme au 10 décembre vous formulerez un vote spontané, indépendant, qui sera l'écho de votre conscience et de vos immuables convictions.

Dieu nous préserve de jamais nier l'influence salutaire de la religion et de la morale; mais, au point où nous en sommes, les intérêts ne peuvent être sauvegardés que par les intérêts. Etablissons donc entre eux tous les liens d'une sainte et indissoluble parenté.

Symbole d'union et de liberté, un jeune peuplier croît et grandit sur nos places publiques; c'est bien. Mais il est un autre arbre qui, depuis six mille ans, couvre la terre de son ombre séculaire... c'est le grand arbre de la propriété... Des bar-

bares s'apprêtent à le scier ! Branches de cèdres, branches d'arbrisseaux, entrelacez-vous, formez vite un faisceau que rien ne puisse entamer, car alors ce n'est plus seulement un vieux tronc qu'il s'agit d'abattre, c'est une forêt qu'il faut raser tout entière. *Arduum opus*.

Pourquoi des distinctions? pourquoi des classements parmi les patrimoines? Si l'on touche à l'un d'eux, il n'en est plus d'inviolable. Resserrons de plus en plus l'alliance de la petite, de la moyenne, de la grande propriété. Le socialisme ne menace-t-il pas l'humble arpent de terre comme les vastes domaines de l'opulence? le toit de chaume comme le palais? Ne confisquerait-il pas la chétive épargne de l'artisan comme les fonds du riche capitaliste? Réfugions-nous donc à l'abri d'une vaste et mutuelle confédération; derrière ce bouclier tutélaire nous sommes invulnérables aux coups les plus hardis, les plus multipliés. Isolés, nous périssons; réunis, nous sommes les plus forts.

Oui, le socialisme est notre ennemi à tous, chassons-le de ses derniers retranchements. Ne souffrons pas qu'il franchisse encore une fois le seuil de l'Assemblée nationale ; les carrefours, les banquets à 25 centimes, les clubs suffisent bien à ses solennels débats. Balayez, balayez devant vous les derniers débris de cette faction déjà meurtrie par tant d'échecs, et rendue impuissante par l'immensité même de sa folie. Electeurs, si vous le voulez, le 30 avril sera son 21 janvier ! Pourquoi ne le voudriez-vous pas? Malheur à l'imprudent qui garde et réchauffe dans son sein un venimeux reptile.

Pour infirmer nos paroles, peut-être fera-t-on passer devant vos yeux le puérile fantôme de la réaction qui a déjà causé tant de paniques. N'en soyez ni émus ni troublés.

Nous n'appartenons pas à la réaction; mais trop souvent d'affreux excès nous ont déterminés à une résistance infatigable pour éviter des calamités plus grandes encore. Cette distinction mérite d'être éclaircie en peu de mots.

La réaction recule vers le passé. La résistance, au contraire, mûrit, élabore l'avenir, elle purifie le progrès, en l'isolant de tout alliage impur, hétérogène, pour ne lui conserver que ce qu'il a de juste et de possible. La résistance n'est pas plus la réaction qu'une digue n'est une borne.

Le mouvement perpétuel et l'immobilité absolue représentent deux absurdités en sens contraire : nous ne sommes ni pour l'un ni pour l'autre. Identifiés avec notre époque, on ne nous surprendra jamais ni en arrière, ni en avance sur elle. Il nous suffit de cheminer avec notre siècle, de marcher, non à l'aventure, mais de mesurer nos pas sur les siens, et de placer nos pieds dans l'empreinte de ses pieds. Cette simultanéité, prudente et scrupuleuse, nous maintient à une égale distance des rétrogrades qui ne sont plus possibles, et des idéologues qui ne le seront jamais. Ce que nous demandons avant tout, ce sont des hommes pratiques, guidés par des doctrines réalisables.

Notre guide n'est pas l'imagination : c'est le jugement.

Donc, nous résisterons à outrance aux fausses utopies, au mensonge, à l'intolérance politique, au despotisme d'en bas, comme à celui d'en haut, aux passions impies et fratricides, aux tradictions de 93, aux parodistes de la Convension, aux terroristes et à leur tyrannie. Bref, nous résisterons au chaos, dans lequel des insensés voudraient nous replonger, sous prétexte de rénovation sociale.

Nous résisterons, avec moins de talents sans doute, mais avec un égal patriotisme ; nous résisterons comme l'orateur romain tint tête à Catilina, comme le christianisme résista aux faux dieux de l'Olympe, comme Charles Martel résista aux hordes d'Abdérame, dans les plaines de Tours. Tel est notre drapeau; nous le porterons haut et ferme en présence de tous.

Nos pères guerroyaient par le glaive, nous combattrons par la pensée; ils brisaient les murailles, nous rallierons les intelligences par la seule force de la vérité.

Si cette résistance est un crime, la France s'en est rendue coupable avec nous, et elle est toute prête à récidiver, dès aujourd'hui. Qui ne voudrait être absous par une si glorieuse complicité ?

Au reste, sachez-le bien, les ennemis de la République ne sont pas les hommes modérés qui voudraient la rendre compatible avec l'ordre; les ennemis de la République sont ceux qui l'associent constamment à leurs sinistres projets de ruine et de dévastation; ceux qui la rendent solidaire de leurs dévorantes convoitises, de leurs instincts dépravés; qui la défendent, la menace à la bouche et les torches de l'insurrection à la main : voilà les hommes qui la tueraient! voilà les réactionnaires ! ne les cherchez pas ailleurs.

En résumé, voici notre position : L'ancien édifice est démoli, le nouveau est à peine commencé, de sorte que nous n'ayons pas où poser la tête. Bâtissons donc, mais, ouvriers intelligents, sachons écarter tous les matériaux avariés et pourris, sans quoi notre œuvre coulerait encore au bruit des sarcasmes et des risées du monde politique, et des nations rivales.

Électeurs, qui jusqu'à présent avez compris et pratiqué vos devoirs civiques, continuez à bien mériter de la patrie.

Electeurs indifférents ou timides, qui n'avez pas encore mis la main à l'œuvre, ne résistez pas plus long-temps à nos pressantes invitations, prenez enfin possession de vos droits. Dans des temps comme les nôtres, quiconque ne coopère pas au bien se rend responsable du mal qu'il n'a pas voulu empêcher. L'indifférence est sans excuse, et la tiédeur devient une trahison.

Dites-moi, auriez-vous assez d'invectives pour flétrir la couardise de celui qui, témoin d'un incendie, se croiserait les deux bras, et contemplerait, immobile, les progrès du fléau ! Cette seule pensée vous indigne !... Indignez-vous donc contre vous-mêmes, quand vous refusez de jeter votre goutte d'eau dans le foyer d'anarchie allumé comme un volcán, au cœur de la commune patrie !... Vous pouvez apporter dans la balance générale un poids de QUINZE CENT MILLE VOIX de plus, en faveur de l'ordre. Nous refuserez-vous ce précieux renfort ? Ou plutôt, le refuserez-vous à vous-mêmes, à vos familles, à votre postérité, à vos intérêts, à la sainteté du foyer domestique, à la civilisation tout entière ?

Non, vous cèderez à l'élan national qui va vous entraîner dans son irrésistible impétuosité. En descendant dans la lice, donnez-vous tous la main, votez comme si vous n'aviez qu'un cœur et qu'une âme. Des différents points de nos provinces, rencontrez-vous tous dans une même pensée de salut et de réparation.

Donnez-nous ! ah ! donnez-nous enfin un gouvernement stable, sans quoi vous n'aurez jamais ni prospérité au dedans, ni paix au dehors...

Egaré par la tempête, le pilote interroge le ciel pour y reconnaître sa route et rapprocher du rivage sa nef à demi-brisée: nous aussi, Français, du sein de nos vicissitudes, du fond de nos poignantes angoisses élevons nos regards un peu plus haut que la terre et ses sombres horizons !... Souvenons-nous de Dieu, et Dieu se souviendra de nous; il retrouvera son ancienne tendresse pour la France; il travaillera avec nous; il sourira à nos efforts; il touchera à nos plaies et elles seront guéries; il nous rendra la sérénité après l'orage, la stabilité après l'agitation; par l'effusion d'une céleste et pacifique rosée, il calmera tant de coupables effervescences qui bouillonnent autour de nous; il creusera un lit profond où s'écouleront paisiblement tant de courants contraires, qui nous emportent vers des écueils, qu'on croirait inévitables...

Mais non, électeurs, ne désespérons de rien. Nous avons franchi bien d'autres abîmes et nous sommes encore debout.... Descendez dans les entrailles du passé; creusez les profondeurs de notre nationalité, vous y trouverez partout les traces d'une sève inextinguible, les preuves d'une intarissable vitalité. Quand nos ennemis s'apprêtent à célébrer nos funérailles, alors nous ressuscitons plus vivaces et plus vigoureux que jamais, comme un peuple dont la jeunesse ne saurait pâlir, puisqu'elle se rallume toujours en face du danger. En effet :

Après l'invasion anglaise au xv⁵ siècle, nous voyons surgir la vierge de Vaucouleurs, l'héroïque Jeanne d'Arc;

Après les guerres de la Ligue, Henri de Béarn;

Après la Fronde, Louis-le-Grand;

Après 93, Bonaparte, premier consul....

L'HISTOIRE DE FRANCE N'EST PAS FINIE....

Prêtez l'oreille, ce n'est plus le tocsin, cette fois, c'est l'heure de notre rédemption qui va sonner....

Du sein de l'urne mystérieuse autour de laquelle nous allons nous presser, Dieu fera jaillir la solution imprévue des problèmes qui torturent notre société depuis soixante ans... S'il en est ainsi, rappelons-nous que l'espérance est une vertu évangélique, ne lui fermons pas nos cœurs. Attendons l'accomplissement de cette parole prophétique d'une femme célèbre parmi les profonds penseurs :

« La Révolution française finira comme elle a commencé.... par le suffrage universel. »

UN ÉLECTEUR.